Generis
PUBLISHING

AF409618

Une ou deux choses que j'ai apprises d'elles

Elisabeth Lenert

CIP a Camerei Naționale a Cărții

Lenert, Elisabeth.

Une ou deux choses que j'ai apprises d'elles / Elisabeth Lenert: Generis Publishing, 2020 (Print on demand). – 50 p.

Referințe bibliogr.: p. 49 și în subsol.

ISBN 978-9975-153-63-8.

27-29

L 45

Cover image: www.pixabay.com

Generis Publishing
Online orders: www.generis-publishing.com
Orders by email: info@generis-publishing.com

INTRODUCTION

Si j'ai éprouvé le besoin d'écrire une ou deux choses sur quelques femmes de l'Evangile, c'est parce qu'il me semble qu'elles appartiennent à un continent encore inexploré, et que leurs paroles, leurs gestes et, mystérieusement, leurs simples traces, laissées intactes dans une antique poussière, peuvent nous ouvrir un chemin inédit vers le Royaume.

Toute jeune déjà, sur le banc de l'église paroissiale, il m'était proposé pour l'essentiel des modèles d'hommes qui ont suivi le Christ, dans lesquels je ne me retrouvais pas *forcément* : l'appel des premiers disciples au bord du lac, l'appel de Lévi, l'envoi en mission des soixante douze, le reniement, puis la consécration de Pierre ...

Bien sûr, il y avait Marie, présente dans la liturgie, à travers les récits de l'enfance de Jésus, à Cana, au pied de la croix, à la Pentecôte. Mais il s'agissait de la mère de Jésus, femme immaculée, inimitable par la jeune fille, et plus tard, par la femme que j'allais devenir et qui n'allait pas épouser Joseph le Juste, mais un homme ordinaire !

Bien sûr, il y avait les grandes figures féminines de Marie de Magdala, de Marthe et Marie de Béthanie, proches de Jésus. Mais souvent prises dans le prisme d'un regard masculin, elles ne me rejoignaient pas vraiment.

Et puis... Il y avait ces petits récits sur des femmes rencontrées au hasard du cheminement de Jésus...

Qui étaient-elles, au fond ? Il fallait que je parte enfin sur leurs traces !

Je fus aidée dans ce cheminement par la découverte d'un tout petit paragraphe en St Luc chapitre 8, mentionnant la présence de femmes qui accompagnaient Jésus à pied, depuis la Galilée avec les douze disciples. Cinq petits versets seulement, mais précieux comme un vestige archéologique, pour dire cette permanence féminine dans l'entourage proche de Jésus :

« Ensuite il arriva que Jésus, passant à travers villes et villages, proclamait et annonçait la Bonne Nouvelle du règne de Dieu. Les douze l'accompagnaient ainsi que des femmes qui avaient été guéries de maladies et d'esprits mauvais : Marie appelée Madeleine, de laquelle étaient sortis sept démons, Jeanne, femme de Kousa, intendant d'Hérode, Suzanne, et beaucoup d'autres, qui les servaient en prenant sur leurs ressources. »

Les questions s'étaient bousculées dans ma tête. Qui étaient ces femmes ? Des femmes guéries de maladies, de troubles psychiatriques, démons peut-être ? Mais aussi- anecdote surprenante- des « bourgeoises » (Jeanne, épouse de l'intendant d'Hérode), sortes de « dames patronnesses » de l'époque qui les aidaient en prenant sur leurs ressources. On pouvait aussi trouver, dans ce singulier cortège, des femmes mariées (Jeanne, femme de Kousa) et pourquoi pas des mères avec leurs enfants ?…Inimaginable !

Oui, il y avait beaucoup de femmes, toutes classes sociales confondues, dans l'entourage du Messie, comme le soutenait la visionnaire Anne Catherine Emmerich … Et oui, comme l'écrivait avec un peu de provocation Christine Pedotti, Jésus les aimait ! Je percevais comme une indicible tendresse du Christ envers celles qui avaient annoncé sa venue, envers celles-là dont je comprenais qu'elles avaient tout quitté pour le suivre, sur les chemins et envers toutes ces autres femmes de rencontre dont il avait croisé le regard.

J'ai ainsi voulu marcher à leur suite, cherchant leur empreinte, profonde, discrète ou parfumée. Ce livre que vous tenez entre vos mains, est le fruit de ce qu'elles m'ont appris sur elles mêmes, sur moi-même, et sur le Christ surtout.

Je n'ai pas voulu instaurer d'ordre hiérarchique entre elles. Simplement, de toutes les femmes de l'Evangile qui m'ont appris à aimer le Christ, Elisabeth et Anne tiennent une place à part, une place d'ainées, d'éclaireuses. Femmes austères et juives pratiquantes, elles ont encore un pied planté dans l'Ancien Testament, et un autre, qui danse et bondit, dans le Nouveau… Elles n'ont pas personnellement rencontré le Christ, mais elles sont habitées d'une secrète allégresse qui leur fait annoncer sa Venue dans un milieu social et religieux lassé d'attendre la venue du Messie annoncée par le prophète Malachie (Ma 3).

Inspirées par le Saint Esprit, leurs paroles sont cependant si ténues, si sobres qu'elles pourraient ne pas être entendues et retenues, si elles n'avaient trouvé écho dans les autres voix, plus de trente ans plus tard, de celles qui avaient pris leur suite sur ce chemin ainsi ouvert à la rencontre du Christ…

1. Elisabeth

Luc 1. 5 – 26

5 Il y avait, au temps d'Hérode le Grand, roi de Judée, un prêtre du groupe d'Abia, nommé Zacharie. Sa femme aussi était descendante d'Aaron ; elle s'appelait Élisabeth. 6 Ils étaient l'un et l'autre des justes devant Dieu : ils suivaient tous les commandements et les préceptes du Seigneur de façon irréprochable. 7 Ils n'avaient pas d'enfant, car Élisabeth était stérile et, de plus, ils étaient l'un et l'autre avancés en âge. 8 Or, tandis que Zacharie, durant la période attribuée aux prêtres de son groupe, assurait le service du culte devant Dieu, 9 il fut désigné par le sort, suivant l'usage des prêtres, pour aller offrir l'encens dans le sanctuaire du Seigneur. 10 Toute la multitude du peuple était en prière au dehors, à l'heure de l'offrande de l'encens. 11 L'ange du Seigneur lui apparut, debout à droite de l'autel de l'encens. 12 À sa vue, Zacharie fut bouleversé et la crainte le saisit. 13 L'ange lui dit : « Sois sans crainte, Zacharie, car ta supplication a été exaucée : ta femme Élisabeth mettra au monde pour toi un fils, et tu lui donneras le nom de Jean. 14 Tu seras dans la joie et l'allégresse, et beaucoup se réjouiront de sa naissance, 15 car il sera grand devant de nombreux fils d'Israël au Seigneur leur Dieu ; 17 il marchera devant, en présence du Seigneur (f), avec l'esprit et la puissance du prophète Élie, pour faire revenir le cœur des pères vers leurs enfants, ramener les rebelles à la sagesse des justes, et préparer au Seigneur un peuple bien disposé. » 18 Alors Zacharie dit à l'ange : « Comment vais-je savoir que cela arrivera ? Moi, en effet, je suis un vieillard et ma femme est avancée en âge. » 19 L'ange lui répondit : « Je suis Gabriel et je me tiens en présence de Dieu. J'ai été envoyé pour te parler et pour t'annoncer cette bonne nouvelle. 20 Mais voici que tu seras réduit au silence et, jusqu'au jour où cela se réalisera, tu ne pourras plus parler, parce que tu n'as pas cru à mes paroles ; celles-ci s'accompliront en leur temps. » 21 Le peuple attendait Zacharie et s'étonnait qu'il s'attarde dans le sanctuaire. 22 Quand il sortit, il ne pouvait pas leur parler, et ils comprirent que, dans le sanctuaire, il avait eu une vision. Il leur faisait des signes et restait muet. 23 Lorsqu'il eut achevé son temps de service liturgique, il repartit chez lui. 24 Quelque temps plus tard, sa femme Élisabeth conçut un enfant. Pendant cinq mois, elle garda le secret. Elle se disait : 25 « Voilà ce que le Seigneur a fait pour moi, en ces jours où il a posé son regard pour effacer ce qui était ma honte devant les hommes. »

« 39 En ces jours-là, Marie se mit en route et se rendit avec empressement vers la région montagneuse, dans une ville de Judée. 40 Elle entra dans la maison de Zacharie et salua Élisabeth. 41 Or, quand Élisabeth entendit la salutation de Marie, l'enfant tressaillit en elle. Alors, Élisabeth fut remplie d'Esprit Saint, 42 et s'écria d'une voix forte : « Tu es bénie entre toutes les femmes, et le fruit de tes entrailles est béni. 43 D'où m'est-il donné que la mère de mon Seigneur vienne jusqu'à moi ? 44 Car, lorsque tes paroles de salutation sont parvenues à mes oreilles, l'enfant a tressailli d'allégresse en moi. 45 Heureuse celle qui a cru à l'accomplissement des paroles qui lui furent dites de la part du Seigneur. » 46 Marie dit alors : « Mon âme exalte le Seigneur, 47 exulte mon esprit en Dieu, mon Sauveur ! 48 Il s'est penché sur son humble servante ; désormais tous les âges me diront bienheureuse. 49 Le Puissant fit pour moi des merveilles ; Saint est son nom !50 Sa miséricorde s'étend d'âge en âge sur ceux qui le craignent. 51 Déployant la force de son bras, il disperse les superbes. 52 Il renverse les puissants de leurs trônes, il élève les humbles. 53 Il comble de biens les affamés, renvoie les riches les mains vides.54 Il relèveIsraël son serviteur, il se souvient de son amour, 55 de la promesse faite à nos pères, en faveur d'Abraham et sa descendance à jamais. » 56 Marie resta avec Élisabeth environ trois mois, puis elle s'en retourna chez elle.

Elisabeth, peux-tu encore me rejoindre dans ma prière et l'éclairer ?

L'image que j'ai gardée de toi est celle d'une vieille femme figée dans le cadre de la Visitation avec la jeune Marie, ta cousine. Tu es, avec ton mari Zacharie, dont le prénom signifie,*«Dieu s'est souvenu »*, une *« juste »* devant Dieu. Avec lui, tu suis *« tous les commandements et préceptes du Seigneur de façon irréprochable»*.

Vous formez un couple uni dans l'irréprochable service du Dieu tout Puissant : ton mari est prêtre du groupe d'Abdias et tu es descendante d'Aaron. Comme tous les couples "avancés en âge " de votre sainte ascendance, vous faites peut-être mémoire d'Abraham et de Sara, d'Anne et d'Elkana...les parents de Samuel. Et vous *"suppliez"* le Seigneur (« *ta supplication a été entendue"*) car, comme ces saints couples, vous n'avez pas eu d'enfants...Dieu ne vous a pas bénis! C'est là ta faille, Élisabeth : tu es stérile ! Depuis des années peut être, tu ne peux t'empêcher de ressasser ce qui *"fait ta honte aux yeux des hommes "* Et le temps s'en va, le temps s'en va, Élisabeth ... Tes cheveux blanchissent...Et toujours pas d'exaucement ! Ton Dieu serait-il devenu sourd à ta supplication de femme juste ? Pourtant, dans ton nom se décèle plus qu'une promesse de la part de Dieu !

Un serment : Eli a juré *"Dieu s'est engagé par serment en ta faveur »*. Oui, tu seras comme ce juste, ce palmier que le psalmiste a chanté :

« Vieillissant, il fructifie encore,
Il garde sa sève et sa verdeur
Pour annoncer : Le Seigneur est droit,
pas de ruse en Dieu mon rocher. »
(Ps 91 v. 13- 14)

Car rien n'est impossible à Dieu !

Cette fécondité donnée par le Seigneur sera annoncée à ton mari par la voix de l'Ange :

« Ta femme Élisabeth mettra au monde pour toi un fils " (Luc 1 v 45) et à ta cousine Marie : « *Élisabeth, ta parente, a conçu, elle aussi, un fils et en est à son sixième mois»*. Oh ! Cette simplicité avec laquelle Dieu parle aux femmes dans leur quotidien ! Cependant, contrairement à Marie, qui, elle, est bienheureuse parce qu'elle a cru, toi Elisabeth, au lieu de te réjouir avec ton mari et ta parenté, au lieu de proclamer ta grossesse à la face du monde, tu te caches pendant cinq mois alors que Dieu a « *effacé ce qui était ta honte aux yeux des hommes »*.

Ce sont tes propres mots : la honte.

Oui, ainsi es-tu, Elisabeth : la honte, ce déshonneur, ce terrible sentiment d'infériorité et d'humiliation devant autrui te tient encore aux entrailles.

Je crois que c'est ton image de femme stérile qui ne t'a pas encore quittée, qui s'accroche à la conscience de toi- même devant les autres. Il faudra la Visitation de ta cousine, enceinte elle aussi de ton Sauveur, pour que tu sois illuminée, irradiée par le Saint Esprit qui te libérera de ta "flétrissure" (traduction de Chouraqui).

Par le tressaillement de Jean dans ton ventre - et que toute femme enceinte expérimente un jour – le Saint-Esprit te « visite », et tu reconnais prophétiquement l'œuvre de Dieu en ta cousine !

Toi qui te cachais, Élisabeth, tu **te déploies** soudain et tu le *« cries d'une voix forte »* :

« D'où m'est-il donné que la mère de mon Sauveur vienne jusqu'à moi ? »

Pendant qu'autour de toi, les juifs, tes contemporains, s'agitent dans l'attente du Messie, avec l'espérance de ses manifestations visibles aux yeux de tous par des actions éclatantes ou militaires, toi, au cours d'une simple visite, tu proclames la présence du Messie dans le ventre d'une humble et modeste Vierge ! Ta prophétie, Elisabeth, illumine les *« petits »*qui savent reconnaître de manière très sûre le mystère même de la présence cachée de Jésus dans une vie ordinaire !

2. Anne

Luc 2. 36-39

36 Il y avait aussi une femme prophète, Anne, fille de Phanuel, de la tribu d'Aser. Elle était très avancée en âge ; après sept ans de mariage, 37 demeurée veuve, elle était arrivée à l'âge de quatre-vingt-quatre ans. Elle ne s'éloignait pas du Temple, servant Dieu jour et nuit dans le jeûne et la prière. 38 Survenant à cette heure même, elle proclamait les louanges de Dieu et parlait de l'enfant à tous ceux qui attendaient la délivrance de Jérusalem.

Tu es revêtue, Anne, dans l'icône de la Présentation au Temple de Novgorod d'une longue robe noire qu'éclaire un châle rouge flamboyant couvrant ta tête et tes épaules. De tous les saints illustrés sur le bois doré : Marie, Joseph et Siméon, vêtus de couleurs sombres, tu es l'unique tache rouge du tableau. Le rouge du Saint-Esprit qui enveloppe ta robe de deuil est la glorieuse preuve que ta longue attente de cinquante-sept ans n'aura pas été vaine. Comme beaucoup de prophètes en Israël, et Siméon et Joseph d'Arimathie tes contemporains, tu attends la « *Délivrance d'Israël*» à une époque marquée par le grand silence de Dieu depuis la prophétie de Malachie. Des paroles annonçant « *le Jour du Seigneur grand et redoutable* » qui resteront lettre morte pendant d'interminables centaines d'années pour les Juifs pieux dont tu es.

Mais toi, Anne, que fais tu de ta vie pendant ce long silence de Dieu, aggravé par l'invasion romaine et la dépravation des mœurs ?

Veuve, « *tu ne t'éloignes pas du Temple et tu sers Dieu jour et nuit dans le jeûne et la prière* ». Une vie d'austérité ! En solitaire, et d'une façon peu ordinaire, tu« *sers*».

Comment peut-on « servir » en ne faisant rien d'autre que jeûner et prier ? « Those also serve who stand and wait» (Ceux-là servent aussi, qui se tiennent là et attendent), écrira le poète anglais Milton... Le jeûne et la prière conduiraient-ils à la réalisation de la prophétie ?

Ce mystère de la Révélation du Messie « *gardé depuis toujours dans le silence*» (Rom 25,26), voilà que tout à coup tu le proclames quand tu « *surgis*» et vois l'enfant Jésus dans les bras de ses parents : habitée par le Saint-Esprit, **inspirée**, « *tu parles de l'enfant avec des louanges* » à tous ceux qui attendaient « *la Délivrance de Jérusalem*».

Ta proclamation prophétique, Anne, ne serait elle pas le fruit de ta longue attente de « veilleur » ?

Et en quoi, moi aussi, aujourd'hui, femme avancée en âge, écartée de la vie active, pourrais-je annoncer et « *hâter* » le deuxième avènement du Christ (2 Pierre 3, 12)? En apprenant peut-être à détourner mon regard de moi-même, pour le fixer sur l'« Etoile radieuse du matin », le Christ ? Et me laisser attirer à lui, dans sa lumière, pour que je puisse, comme toi, percevoir et indiquer l'Invisible « qui vient » (Ap 22,17) ...

3. Deux veuves

Le mot « veuve » me fait penser à des clichés légers comme « La veuve Joyeuse» ou la «Veuve Cliquot»... Cependant je sais la réelle souffrance de ces femmes endeuillées de mon entourage. Et pourtant ! J'avoue que j'étais loin de me douter du triste sort de la veuve au temps de Jésus : pauvre entre les pauvres, femme abandonnée et vouée à la mort si elle ne se remarie pas que je découvre dans les Evangiles ! Femme brisée qui, privée désormais de la protection de son mari, devient la proie des scribes « *qui dévorent ses biens* » (Marc 12, 38 à 44). Serait-ce pour cela qu'elle tient une place de choix dans le cœur de Jésus qui est venu pour « annoncer la bonne nouvelle aux pauvres » (Luc 4 :18) ?

Pauvres veuves démunies que nous présente l'Evangile, ne seriez vous pas les grandes sœurs de ces femmes d'aujourd'hui, rejetées, abandonnées par un mari, un compagnon trop volage ou trop violent ?

La Veuve du Temple

Marc 12. 41 - 44

41 Jésus s'était assis dans le Temple en face de la salle du trésor, et regardait comment la foule y mettait de l'argent. Beaucoup de riches y mettaient de grosses sommes.42 Une pauvre veuve s'avança et mit deux petites pièces de monnaie.43 Jésus appela ses disciples et leur déclara :« Amen, je vous le dis : cette pauvre veuve a mis dans le Trésor plus que tous les autres. 44 Car tous, ils ont pris sur leur superflu, mais elle, elle a pris sur son indigence : elle a mis tout ce qu'elle possédait, tout ce qu'elle avait pour vivre. »

Du temps de Jésus, les offrandes apportées au Temple l'étaient en public : un scribe proclamait à haute voix le montant déposé dans le tronc. Ainsi Jésus, nous dit le texte, était assis dans la salle du Trésor et observait la foule qui y mettait de l'argent : Il voit des riches « *mettre de grosses sommes* » d'un regard presque distrait. Mais « *Celui qui scrute les reins et les cœurs* » (Jn17,10) la scrute, elle, pauvre veuve voûtée, mal habillée, la démarche hésitante. Elle, dont seul le regard perçant de Jésus a vu toute la misère, le dénuement extrême et l'incroyable détachement.

Car cette femme, socialement insignifiante, inexistante, qui « *n'est pas* », elle a donné « *tout ce qu'elle avait pour vivre* », autrement dit sa vie ! Comme Jésus lui-même qui « *donnera sa vie pour nous* » !

Dans le regard de Jésus, il y a cette inversion des valeurs que Paul répercutera à son tour, mais qui échappe aux autres spectateurs de la scène :

"Ce qui n'est pas, voilà ce que Dieu a choisi, pour réduire à rien ce qui est ." (1,Col 1,28)

Les riches, « *ce qui est* », ont pris sur leur superflu…Toi, pauvre veuve *qui n'est pas,* tu as donné toute ta vie !

Veuve anonyme ! Tu n'auras certes pas droit à une hagiographie, mais ton unique geste suffit amplement à te faire entrer dans l'immense cortège de tous les saints.

La veuve de Naïm

Luc 7. 11 - 17

11 Par la suite, Jésus se rendit dans une ville appelée Naïm. Ses disciples faisaient route avec lui, ainsi qu'une grande foule. 12 Il arriva près de la porte de la ville au moment où l'on emportait un mort pour l'enterrer ; c'était un fils unique, et sa mère était veuve. Une foule importante de la ville accompagnait cette femme. 13 Voyant celle-ci, le Seigneur fut saisi de compassion pour elle et lui dit : « Ne pleure pas. » 14 Il s'approcha et toucha le cercueil ; les porteurs s'arrêtèrent, et Jésus dit : « Jeune homme, je te l'ordonne, lève-toi. » 15 Alors le mort se redressa et se mit à parler. Et Jésus le rendit à sa mère. 16 La crainte s'empara de tous, et ils rendaient gloire à Dieu en disant : « Un grand prophète s'est levé parmi nous, et Dieu a visité son peuple. » 17 Et cette parole sur Jésus se répandit dans la Judée entière et dans toute la région.

Jésus, suivi de ses disciples et d'une grande foule, se rendant devant la porte de la ville de Naïm, voit une scène qui l'étreint : une veuve vêtue de détresse, les porteurs du brancard où gît son fils, la foule qui les accompagne, les joueurs de flûte, les pleureuses…Tout cela fait beaucoup de monde tout à coup et beaucoup de bruit ! On apprend que la veuve n'a qu'un fils pour la soutenir et voilà maintenant qu'on l'emporte pour l'enterrer !

La bénédiction du Psaume 66 :

« Des fils, voilà ce que donne le Seigneur,

Des enfants, la récompense qu'il accorde

.Comme des flèches aux mains d'un guerrier,

Ainsi les fils de la jeunesse. » lui aura été retirée, à elle, pauvre veuve anonyme !

« Saisi de compassion », Jésus, le *« Fils de Dieu »* s'approche d'elle, la veuve endeuillée, et la console comme seul le Fils de Dieu peut consoler. Il n'a pour elle qu'une seule parole : *« Ne pleure pas »*. Cette parole pleine d'autorité compatissante aura tari ses larmes, et son fils, ressuscité par le Messie, lui sera *« rendu »*.

Françoise Dolto a écrit tout un chapitre sur elle dans « l'Evangile au risque de la Psychanalyse». Sur la relation, sans doute trop fusionnelle qui la liait à son fils unique, sur cet amour, mortifère, pour lui comme pour elle.

En lui *« rendant »* son fils, Jésus l'aura sans doute appelée à une vie nouvelle où le jeune homme et sa mère, la veuve anonyme de Naïm, seront différenciés et où il n'aura plus pour seul horizon l obligation d'être son bâton de vieillesse ...

Je rejoins profondément cette analyse tournée vers la vie ; car il me semble que quand Jésus guérit, et encore plus quand il ressuscite les morts, ce n'est pas pour que les personnes reprennent leur vie « d'avant », mais pour une nouvelle naissance :

« Le monde ancien s'en est allé, un monde nouveau est déjà né ». 2, Cor 5,17

4. La Cananéenne

Mathieu 15. 21-28

21 Partant de là, Jésus se retira dans la région de Tyr et de Sidon. 22 Voici qu'une Cananéenne, venue de ces territoires, disait en criant : « Prends pitié de moi Seigneur, fils de David ! Ma fille est tourmentée par un démon. » 23 Mais il ne lui répondit pas un mot. Les disciples s'approchèrent pour lui demander : « Renvoie-la car elle nous poursuit de ses cris ! » 24 Jésus répondit : « Je n'ai été envoyé qu'aux brebis perdues de la maison d'Israël. » 25 Mais elle vint se prosterner devant lui en disant :« Seigneur viens à mon secours ! » 26 Il répondit : « Il n'est pas bien de prendre le pain des enfants et de le jeter aux petits chiens. » 27 Elle reprit : « Oui, Seigneur ; mais justement les petits chiens mangent les miettes qui tombent de la table de leur maître. » 28 Jésus répondit : « Femme, grande est ta foi, que tout se passe pour toi comme tu le veux ! » Et, à l'heure même, sa fille fut guérie.

Surgissant des territoires païens de Tyr et Sidon que Jésus, rabbi juif, traverse avec ses disciples, une cananéenne - païenne - une mère affolée**« dit en criant » :**« *Prends pitié de moi Seigneur, fils de David ! Ma fille est tourmentée par un démon !* »A l'appel au secours de cette femme, Jésus ne « *répond pas un mot* ». Il semble ignorer sa souffrance… Insupportable !

Les disciples, eux, exaspérés, vont pousser Jésus à réagir brutalement : « *Renvoie-la car elle nous poursuit de ses cris !* »

Sans doute auraient-ils préféré une pieuse et sobre mère, venant discrètement demander à Jésus de libérer son enfant, qu'une femme frisant l'hystérie ? Ainsi nous-mêmes, n'avons-nous pas appris, quand nous appelons Jésus au secours, qu'il est plus convenable d'exprimer notre souffrance sans tapage, de manière digne et réservée ?

Et ce silence de Jésus ! Dieu qui non seulement semble ignorer ce « cri » viscéral, mais, pire, qui semble prêt à l'abandonner à son triste sort : « *Je n'ai été envoyé qu'aux brebis perdues de la maison d'Israël"!*Aux Juifs et non pas aux païens ! Dieu la rejetterait-il ? Comment entendre cette parole de Jésus le Miséricordieux, celui-là même qui a dit : « *J'ai encore d'autres brebis qui ne sont pas de cet enclos : celles-là aussi, il faut que je les conduise.* »(Jean 10, 16) ?

Est-ce pour mettre sa foi à l'épreuve ? Mais elle, ne lâche pas.

Bravant le mépris, la désapprobation des disciples et de Jésus lui-même, elle, remplie d'humilité « *vient se prosterner devant lui* » en le suppliant avec cette prière même du psalmiste :

« *Seigneur ! Viens à mon secours !* »

Mais Jésus ne se laisse pas encore toucher : « *Il n'est pas bon de prendre le pain des enfants (les Juifs) et de le jeter aux petits chiens (les païens)* ».

Faut-il, en la malmenant ainsi, en l'insultant, qu'il veuille susciter une autre attitude de sa part ?

Ce « bon Jésus » de notre éducation voudrait-il vérifier ce que nous avons dans nos entrailles ? Que nous lui « tenions tête » avec intelligence plutôt que d'avoir trop rapidement une attitude de femmes soumises à ce que nous pensons être la volonté de Dieu pour nous ? Mais toi la Cananéenne, tu as compris que *Dieu fait justice à ceux qui crient vers lui jour et nuit sans se décourager*(Luc 18). Tu ne t'es pas résignée au mal ! Tu as été de celles qui ne se sont pas tues et tu lui rétorques : « *Mais justement les petits chiens mangent les miettes qui tombent de la table de leurs maîtres.* »

Tu nous entraînes loin d'une certaine pieuseté, nous enseignant à ne pas nous résigner quand Jésus, non seulement se tait, mais nous désarme par ses réponses. Seuls, ta foi audacieuse, ton esprit d'à propos viennent à bout du cœur de Jésus et le désarment :

« Que tout se passe pour toi comme tu le veux ».

Femme, je salue ta ténacité : « *A cause de cette parole, le démon est sorti de ta fille.* » (Marc 7, 29)

Comme toi, je ne lâcherai pas Jésus avant qu'il ne m'ait bénie ! (Genèse 3)

5. La femme courbée

Luc 13,10-17

10 Jésus était en train d'enseigner dans une synagogue, le jour du sabbat. 11 Voici qu'il y avait là une femme, possédée par un esprit qui la rendait infirme depuis dix-huit ans ; elle était toute courbée et absolument incapable de se redresser. 12 Quand Jésus la vit, il l'interpella et lui dit : « Femme, te voici délivrée de ton infirmité. » 13 Et il lui imposa les mains. À l'instant même elle redevint droite et rendait gloire à Dieu. 14 Alors le chef de la synagogue, indigné de voir Jésus faire une guérison le jour du sabbat, prit la parole et dit à la foule : « Il y a six jours pour travailler ; venez donc vous faire guérir ces jours-là, et non pas le jour du sabbat. » 15 Le Seigneur lui répliqua : « Hypocrites ! Chacun de vous, le jour du sabbat, ne détache-t-il pas de la mangeoire son bœuf ou son âne pour le mener boire ? 16 Alors cette femme, une fille d'Abraham, que Satan avait liée voici dix-huit ans, ne fallait-il pas la délivrer de ce lien le jour du sabbat ? » 17 À ces paroles de Jésus, tous ses adversaires furent remplis de honte, et toute la foule était dans la joie à cause de toutes les actions éclatantes qu'il faisait.

« Voici qu'il y avait là une femme possédée par un esprit qui la rendait infirme depuis dix-huit ans ... »

Je ne sais ni ton nom, ni ton âgeà toi, la femme courbée depuis dix-huit ans, mais je sais le temps interminable de ta douleur !

Dix-huit années et, continuellement, des douleurs lancinantes à la colonne vertébrale avec lesquelles tu dois continuer de vivre... Dix-huit années, sans relâche ni repos, où Dieu semble absent... C'est le temps sans couleurs ni saisons, sans rires ni fêtes, le temps de la nuit obscure.

Dans la synagogue où toi, la « *fille d'Abraham* », la juive pratiquante, tu te rends régulièrement, tu ne peux croiser le regard de personne : tes yeux à toi ne voient que tes propres pieds et ceux des autres... Solitude de l'enfer ! [1]

Et tu sais le poids et la consistance de ce psaume 38 :

« Accablé, prostré, à bout de force
Tout le jour j'avance dans le noir [...]
C'est toi que j'espère, Seigneur,
Seigneur mon Dieu,toi qui répondras. »

C'est le temps parfois où tu peux être aussi tentée de te dire, dans ta détresse, qu'il n'y a rien à attendre de Dieu, qu'il ne répondra pas. Alors, tu pourrais succomber à la tentation de reprendre à ton compte cette terrible Parole :

« Regarde l'œuvre de Dieu : Qui pourra redresser ce qu'il a courbé ? » (Ecclésiaste 1,15)

Mais au fond de toi, « *tu sais bien la fontaine qui coule et court malgré la nuit* »,[2]comme le savent aussi ceux qui expérimentent la nuit obscure. C'est pourquoi tu continues d'aller à la synagogue prier avec les autres, trop habitués à ton infirmité ...

Et voici soudain qu' «*aujourd'hui encore* », dans ta propre synagogue où tu te rends fidèlement, s'accomplira en ta faveur ce passage de l'Ecriture que Jésus s'est appropriée dans la synagogue de Nazareth :

---

[1] Fabrice Hadjadj rapporte dans *La Foi des Démons*ces paroles d'un possédé à un exorciste :*«L'enfer c'est de ne croiser le regard de personne »*.
[2] Saint Jean de la Croix, *Je sais bien moi la Fontaine*

« *L'Esprit du Seigneur est sur moi,parce que le Seigneur m'a consacré par l'Onction.Il m'a envoyé proclamer la bonne nouvelle aux pauvres...Annoncer aux captifs leur libération* ». (*Luc 2,18-21)*

Comme ces femmes « *qui avaient été guéries de maladies et d'esprits mauvais* » (Luc 8, 1-3), Jésus te libère !

Et sous ses mains guérissantes, « *à l'instant même, [tu] redevien[s] droite et rend[s] gloire à Dieu !* » Et avec « *toute la foule qui était dans la joie à cause de toutes les actions éclatantes que Jésus faisait* », tu entonneras ce psaume 145 :

« Je t'exalte O Roi, mon Dieu
Je bénis ton nom à jamais
Je veux te bénir chaque jour
Louer ton nom toujours et à jamais
Le Seigneur est vérité en ses paroles
 Il est amour en toutes ses œuvres
Il retient tous ceux qui tombent
Il redresse tous ceux qui sont courbés. »

Ce qui t'est arrivé à toi, la « *fille d'Abraham* »,me rappelle avec force la manière dont Dieu conduit aujourd'hui encore une âme qui lui est fidèle alors même qu'elle « *traverse la vallée de l'ombre de la mort* », car « *je sais bien moi la fontaine qui coule et court malgré la nuit* ». Après un très long temps où Il semble ne pas intervenir, où Sa Sagesse se fait silence et nuit, temps de préparation mystérieuse de l'âme, Dieu, qui est le maître du temps, intervient soudainement, et « *au moment favorable, Il agit vite.* » (Is 60,22)

6. L'hémorroïsse

Luc 8. 40 - 48

40 Quand Jésus revint en Galilée, il fut accueilli par la foule, car tous l'attendaient. 41 Et voici qu'arriva un homme du nom de Jaïre ; c'était le chef de la synagogue. Tombant aux pieds de Jésus, il le suppliait de venir dans sa maison, 42 parce qu'il avait une fille unique, d'environ douze ans, qui se mourait. Et tandis que Jésus s'y rendait, les foules le pressaient au point de l'étouffer. 43 Or, une femme qui avait des pertes de sang depuis douze ans, et qui avait dépensé tous ses biens chez les médecins sans que personne n'ait pu la guérir, 44 s'approcha de lui par derrière et toucha la frange de son vêtement. À l'instant même, sa perte de sang s'arrêta. 45 Mais Jésus dit : « Qui m'a touché ? »Comme ils s'en défendaient tous, Pierre lui dit : « Maître, les foules te bousculent et t'écrasent. » 46 Mais Jésus reprit : « Quelqu'un m'a touché, car j'ai reconnu qu'une force était sortie de moi. » 47 La femme, se voyant découverte, vint, toute tremblante, se jeter à ses pieds ; elle raconta devant tout le peuple pourquoi elle l'avait touché, et comment elle avait été guérieà l'instant même. 48 Jésus lui dit : « Ma fille, ta foi t'a sauvée. Va en paix. »

- Qui m'a touché ? Qui est cette personne qui, malgré la foule qui me presse, a su libérer une force qui sort de moi ? Qui ? Il faut que je la voie ! Cette foi, ce feu, cette source, cette force de vie, cet énergie du désespoir qui l'habite ! Ce cri contenu que je n'ai rencontré nulle part.

- C'est moi, la femme malade, qui n'ai fait que toucher la frange de ton manteau. Je ne suis connue que sous le nom dégradant et réducteur de ma maladie : l'hémorroïsse ! Un flux de sang coule de moi et me salit, salit mon corps, mes vêtements, salit tout ce que je touche dans ma maison. Je suis impure, mise au ban de la société des hommes, bannie de leurs synagogues, de leurs marchés, de leurs places. J'ai consulté les médecins depuis douze ans, en pure perte.

Mais au fond de moi, qui suis-je ?

Je n'ai ni mari, ni enfants, à cause de ma sexualité abîmée. Je ne suis pas comme ces autres femmes belles, désirables, parfumées. Mon parfum est celui du sang.

Qui suis-je ? Je suis une femme brisée, morte pour ne pas avoir donné la vie... Mais au fond de moi coule cette source du désir ardent, désir de voir refleurir ma féminité. Peut-être que si je touche seulement la frange de son manteau, le « guérisseur » me rendra-t-il à moi-même ?

Personne ne me remarquera. Je ne gênerai personne si je le touche par derrière. Lui même ne me verra pas.

Ni vue, ni connue.

- Qui m'a touché ? Quelle est cette force sortie de moi ?

Je n'ai plus songé à me cacher... Il m'a obligée à lui faire face ; toute tremblante, je me jette à ses pieds, confuse, obligée de me montrer ! Reconnue par tous. Mais la force qui vient de Lui m'a rendue à la vie. Je suis guérie et je n'ai plus peur de « *tout ce peuple* ».Je suis restaurée, reliée à la source jaillissante de ma féminité.

Qui plus est, ce guérisseur, ce Jésus, m'a appelée d'un nom nouveau pour moi :

« *Ma fille ...* » !

Restaurée, je suis devenue fille de Sion, fille de Roi, fille de Dieu.

Je lui appartiens.

7. La fille de Jaïre

Marc 5. 21 -43

21 Jésus regagna en barque l'autre rive, et une grande foule s'assembla autour de lui. Il était au bord de la mer. 22 Arrive un des chefs de synagogue, nommé Jaïre. Voyant Jésus, il tombe à ses pieds 23 et le supplie instamment : « Ma fille, encore si jeune, est à la dernière extrémité. Viens lui imposer les mains pour qu'elle soit sauvée et qu'elle vive. » 24 Jésus partit avec lui, et la foule qui le suivait était si nombreuse qu'elle l'écrasait.(…)35 Comme il parlait encore, des gens arrivent de la maison de Jaïre, le chef de synagogue, pour dire à celui-ci : « Ta fille vient de mourir. À quoi bon déranger encore le Maître ? » 36 Jésus, surprenant ces mots, dit au chef de synagogue : « Ne crains pas, crois seulement. » 37 Il ne laissa personne l'accompagner, sauf Pierre, Jacques, et Jean, le frère de Jacques. 38 Ils arrivent à la maison du chef de synagogue. Jésus voit l'agitation, et des gens qui pleurent et poussent de grands cris. 39 Il entre et leur dit :« Pourquoi cette agitation et ces pleurs ? L'enfant n'est pas morte : elle dort. » 40 Mais on se moquait de lui. Alors il met tout le monde dehors, prend avec lui le père et la mère de l'enfant, et ceux qui étaient avec lui ; puis il pénètre là où reposait l'enfant. 41 Il saisit la main de l'enfant, et lui dit : « Talithakoum», ce qui signifie : « Jeune fille, je te le dis, lève-toi ! » 42 Aussitôt la jeune fille se leva et se mit à marcher – elle avait en effet douze ans. Ils furent frappés d'une grande stupeur. 43 Et Jésus leur ordonna fermement de ne le faire savoir à personne ; puis il leur dit de la faire manger.

« Ne crains pas, crois seulement. »

La « *grande foule* » autour de Jésus est compacte, pressée, bruyante. Arrive Jaïre, un chef de synagogue, qui se précipite aux pieds du Rabbi et le supplie « *instamment* » de venir imposer les mains à sa fille « *qui est à la dernière extrémité* ». Jésus part avec lui sans se faire davantage prier. Mais voilà qu'il s'arrête longuement en chemin pour guérir une femme alors que le temps presse. Jaïre voudrait hurler : « *Ma fille à moi, elle, est à la dernière extrémité !* » Mais avant même d'être arrivés, ils sont rejoints par des gens de la maison de Jaïre qui lui annoncent la tragédie qu'il redoutait : « *Ton enfant vient de mourir. A quoi bon encore déranger le maître ?* » Entendant cette nouvelle fatale, Jésus lui dit avec autorité ces quelques mots : « *Ne crains pas, crois seulement.* »

Plus fort que son angoisse, plus fort que son tourment, plus fort que la mort, il croit. Devant la maison endeuillée, les pleureuses hurlent déjà à la mort...

Mais Jésus de dire :

« *L'enfant n'est pas morte : elle dort seulement* » :

« *Mais on se moquait de lui* » (L'assistance se moque du Verbe de Vie !)

Alors, mettant tout le monde dehors, Jésus prend Jaïre et la mère de l'enfant avec lui, puis pénètre « *là où reposait l'enfant* ».

Sur un lit funèbre, tu gis, petite enfant adorée de ton père.

Qui es-tu petite Agnelle [3] de 12 ans ?

« Notre sœur est petite.
Elle n'a pas les seins formés.
Que ferons-nous à notre sœur le jour
Où il sera question d'elle ? »
(Appendice du cantique des cantiques)

Qui es-tu, sinon une enfant qui meurt de n'avoir pas su vivre ?

____

[3] d'après Chouraqui, *Agnelle* est la traduction en hébreu de *Talitha*.

Tu étais certes en âge de te marier– douze ans ! [4] Mais l'amour de ton père t'aura sans doute étouffée ...

L'évangéliste Marc, qui jusque-là, employait le mot « *enfant* » pour te désigner, traduit par « *jeune fille* » les mots de Jésus : « *ThalitaKoum*»: « *Jeune fille, je te le dis, lève-toi !* »

Sleeping beauty, tu n'es plus une enfant !

N'entends-tu pas le chant nuptial du psaume 45 souvent chanté à la synagogue de ton père ?

« Ecoute ma fille, regarde et tends l'oreille.
Oublie ton peuple et la maison de ton père.
Le roi sera séduit par ta beauté. »

Belle au Bois Dormant, ta résurrection n'est pas un beau conte de fées, mais une glorieuse préfiguration de la Résurrection de Celui-là même qui t'a réveillée !

Fille de Roi, la mort qui traque et fige en posant son gant glacé sur ton corps encore brûlant de vie, la mort n'aura pas eu de prise sur toi quand Jésus le Vivant t'aura saisie par la main.

« Réveille-toi, O toi qui dors, relève toi d'entre les morts
Et le Christ t'illuminera ! »
(Ancien hymne de la Résurrection des premiers chrétiens)

Thalitha « *réveillée* » par Jésus, entraine-nous à reconsidérer la mort !

Comme les premiers chrétiens qui ne craignaient pas de la nommer « sommeil », tant leur vision de la mort était imprégnée de ta résurrection, Seigneur Jésus, toi notre Pâques, donne-nous, à l'heure de notre mort, cette confiance pure et innocente de l'enfant qui s'endort!

---

[4] chez les juifs - comme chez de nombreux autres peuples à cette époque - dès leur puberté, les filles étaient considérées comme en âge de se marier.

8. La femme adultère

Jean 8. 1-11

1 Quant à Jésus, il s'en alla au mont des Oliviers. 2 Dès l'aurore, il retourna au Temple. Comme tout le peuple venait à lui, il s'assit et se mit à enseigner. 3 Les scribes et les pharisiens lui amènent une femme qu'on avait surprise en situation d'adultère. Ils la mettent au milieu,4 et disent à Jésus : « Maître, cette femme a été surprise en flagrant délit d'adultère. 5 Or, dans la Loi, Moïse nous a ordonné de lapider ces femmes-là. Et toi, que dis-tu ? » 6 Ils parlaient ainsi pour le mettre à l'épreuve, afin de pouvoir l'accuser. Mais Jésus s'était baissé et, du doigt, il écrivait sur la terre. 7 Comme on persistait à l'interroger, il se redressa et leur dit : « Celui d'entre vous qui est sans péché, qu'il soit le premier à lui jeter une pierre. » 8 Il se baissa de nouveau et il écrivait sur la terre. 9 Eux, après avoir entendu cela, s'en allaient un par un, en commençant par les plus âgés. Jésus resta seul avec la femme toujours là au milieu. 10 Il se redressa et lui demanda : « Femme, où sont-ils donc ? Personne ne t'a condamnée ? » 11 Elle répondit : « Personne, Seigneur. » Et Jésus lui dit : « Moi non plus, je ne te condamne pas. Va, et désormais ne pèche plus. »

J'ai déjà fêté mes noces d'or. J'ai eu un mari attentif à mes besoins ; de lui, j'ai eu des enfants. Je suis une « bonne » chrétienne... Alors, comment se fait-il que je sois à ce point interpellée par toi, femme adultère entourée d'hommes prêts à te lapider ? Toi, pauvre femme recroquevillée au milieu du cercle d'hommes menaçants, hurlant à Jésus de te juger selon la loi de Moïse ?

Le jugement des hommes sur ta personne peut-il me rejoindre, dans mon expérience d'une vie conjugale droite ? Combien de fois mon mari m'a-t-il lancé la pierre, à moi la femme « bien mariée » ? Et combien de fois ne me suis-je exercée, sans grand succès, à lui pardonner « *soixante-dix sept fois sept fois* » ?

Mon histoire est peut-être celle de nombreuses épouses, descendantes d'Eve, et dont le mari, Adam, s'est adressé à Dieu en lui disant :

« *La femme que tu m'as donnée, c'est elle qui m'a donné le fruit de l'arbre !* »

« La femme que tu m'as donnée, c'est **elle** ! Tout ce qui m'arrive de mal, tous les accidents de la vie, les maladies des enfants, le manque d'argent, le gaspillage, l'air du temps... !

C'est elle ! »

Comment pouvais-je entendre, sous le flot de ces reproches fréquents, ces cinq petits mots qu'alors Jésus t'a adressés : « *Je ne te condamne pas !* » ?

Il a fallu que ce même Jésus pose son regard de patience et d'amour sur moi, et que, cessant de trembler, je m'empare de Sa Parole libérante et apprenne à lui dire :

« *Qu'il me soit fait selon ta parole* ».

Ma libération a commencé un matin alors que je faisais cette découverte fulgurante de l'Apocalypse :

« *Voici le temps du Salut,*
De la puissance et du règne de notre Dieu
Et de l'autorité de son Christ.
Car il a été précipité l'accusateur de nos frères,
Celui qui les accusait jour et nuit ...»
*(*Ap. 12. 10)

Rongée par la culpabilité, à cause des reproches que je recevais « *jour et nuit* », je découvrais soudain que mon mari faisait tout simplement le jeu de l'Accusateur !!!Mais j'aurai découvert aussitôt, grâce à cette parole, que tous, non seulement mon mari ou moi, tous, nous accusons et condamnons en paroles ou en pensées nos mari, femme, enfants, parents, amis, collègues de travail, membres de nos communautés...

Nous accusons, et nous nous laissons accuser. C'est la tactique préférée de l'Adversaire : Accuser. Alors, comment sortir vainqueurs, avec « *l'autorité de son Christ* », de cette spirale accusatrice ?

La Parole de Jésus m'avait pourtant éclairée quand j'avais découvert aussi que « *Dieu n'a pas envoyé son Fils dans le monde pour juger le monde, mais pour que le monde soit sauvé par lui.* » (Jn 3, 17 28)

Mais je n'étais pas encore libre. Moi aussi, comme toi, femme adultère qu'on accusait, je lisais toujours le reproche ou la condamnation dans le regard de certains de mon entourage. Je ne croyais pas encore fermement au regard d'amour de Jésus posé sur moi. Un soir, où je m'étais laissée copieusement accuser par mon mari qui voulait, sous une forme humoristique, se rendre intéressant aux yeux de ses amis, j'ai reçu cette Parole en rentrant chez nous :

« Qui accusera ceux que Dieu a choisis ?
Personne.
Car c'est Dieu qui les déclare non coupables.
Qui peut alors les condamner ?
Personne.
Car Jésus Christ est celui qui est mort : bien plus, Il est ressuscité,
Il est à la droite de Dieu et il prie en notre faveur. »
(Rm 8, 31–34)

Oh le pouvoir libérateur de la Parole de Dieu ! Comme Jésus me voulait légère et libre ! Je Lui avais donné ma vie, et Il tenait sa promesse de me rendre libre de toute accusation !

Non seulement de celles que m'infligeait mon mari, mais de toutes celles qui m'avaient anéantie en famille, en église, au travail …

Non seulement Il me libérait, mais en plus j'avais la certitude qu'Il « prie en ma faveur » ! « *L'Accusateur de nos frères* » n'a désormais plus de pouvoir sur moi ! Personne, personne ne peut désormais m'accuser ni me condamner !

Comme toi, femme adultère, désormais libérée de tes accusateurs qui sont partis un à un, et seule, en tête à tête avec Jésus, je l'entendrai toujours me dire :

« Je ne te condamne pas non plus ».

Toi, femme adultère qui a rencontré Jésus, seule à seul,
Moi, épouse fidèle,
Femmes, nous pouvons redresser la tête,
fermer les yeux, et plonger intérieurement dans Sa Parole.
Nous en sortirons renouvelées.

9. La Samaritaine

Jean 4. 1 - 42

1 Les *pharisiens avaient entendu dire que Jésus faisait plus de disciples que Jean et qu'il en baptisait davantage. Jésus lui-même en eut connaissance. 2 À vrai dire, ce n'était pas Jésus en personne qui baptisait, mais ses disciples.3 Dès lors, il quitta la Judée pour retourner en Galilée. 4 Or, il lui fallait traverser la Samarie. 5 Il arrive donc à une ville de Samarie, appelée Sykar, près du terrain que Jacob avait donné à son fils Joseph. 6 Là se trouvait le puits de Jacob. Jésus, fatigué par la route, s'était donc assis près de la source. C'était la sixième heure, environ midi. 7 Arrive une femme de Samarie, qui venait puiser de l'eau. Jésus lui dit : « Donne-moi à boire. » 8 En effet, ses disciples étaient partis à la ville pour acheter des provisions.9 La Samaritaine lui dit : « Comment ! Toi, un Juif, tu me demandes à boire, à moi, une Samaritaine ? »En effet, les Juifs ne fréquentent pas les Samaritains. 10 Jésus lui répondit : « Si tu savais le don de Dieu et qui est celui qui te dit : "Donne-moi à boire", c'est toi qui lui aurais demandé, et il t'aurait donné de l'eau vive. » 11 Elle lui dit : « Seigneur, tu n'as rien pour puiser, et le puits est profond. D'où as-tu donc cette eau vive ? 12 Serais-tu plus grand que notre père Jacob qui nous a donné ce puits, et qui en a bu lui-même, avec ses fils et ses bêtes ? »13 Jésus lui répondit : « Quiconque boit de cette eau aura de nouveau soif 14 mais celui qui boira de l'eau que moi je lui donnerai n'aura plus jamais soif ; et l'eau que je lui donnerai deviendra en lui une source d'eau jaillissant pour la vie éternelle. »15 La femme lui dit : « Seigneur, donne-moi de cette eau, que je n'aie plus soif, et que je n'aie plus à venir ici pour puiser. » 16 Jésus lui dit : « Va, appelle ton mari, et reviens. » 17 La femme répliqua : « Je n'ai pas de mari. » Jésus reprit : « Tu as raison de dire que tu n'as pas de mari. 18 Des maris, tu en as eu cinq, et celui que tu as maintenant n'est pas ton mari ; là, tu dis vrai. » 19 La femme lui dit : « Seigneur, je vois que tu es un prophète !... Eh bien ! 20 Nos pères ont adoré sur la montagne qui est là, et vous, les Juifs, vous dites que le lieu où il faut adorer est à Jérusalem. »21 Jésus lui dit : « Femme, crois-moi : l'heure vient où vous n'irez plus ni sur cette montagne ni à Jérusalem pour adorer le Père. 22 Vous, vous adorez ce que vous ne connaissez pas ; nous, nous adorons ce que nous connaissons, car le salut vient des Juifs. 23 Mais l'heure vient – et c'est maintenant – où les vrais adorateurs adoreront le Père en esprit et vérité : tels sont les adorateurs que recherche le Père. 24 Dieu est esprit, et ceux qui l'adorent, c'est en esprit et vérité qu'ils doivent l'adorer. »25 La femme lui dit : « Je sais qu'il vient, le Messie, celui qu'on appelle Christ. Quand il viendra, c'est lui qui nous fera connaître toutes choses. »*

26 Jésus lui dit : « Je le suis, moi qui te parle. » 27 A ce moment-là, ses disciples arrivèrent ; ils étaient surpris de le voir parler avec une femme. Pourtant, aucun ne lui dit : « Que cherches-tu ? » ou bien : « Pourquoi parles-tu avec elle ? » 28 La femme, laissant là sa cruche, revint à la ville et dit aux gens : « 29 Venez voir un homme qui m'a dit tout ce que j'ai fait. Ne serait-il pas le Christ ? » 30 Ils sortirent de la ville, et ils se dirigeaient vers lui. 31 Entre-temps, les disciples l'appelaient : « Rabbi, viens manger.»32 Mais il répondit : « Pour moi, j'ai de quoi manger : c'est une nourriture que vous ne connaissez pas. » 33 Les disciples se disaient entre eux : « Quelqu'un lui aurait-il apporté à manger ? »34 Jésus leur dit : « Ma nourriture, c'est de faire la volonté de Celui qui m'a envoyé et d'accomplir son œuvre. 35 Ne dites-vous pas : "Encore quatre mois et ce sera la moisson" ? Et moi, je vous dis : Levez les yeux et regardez les champs déjà dorés pour la moisson. 36 Dès maintenant, le moissonneur reçoit son salaire : il récolte du fruit pour la vie éternelle, si bien que le semeur se réjouit en même temps que le moissonneur. 37 Il est bien vrai, le dicton : « L'un sème, l'autre moissonne ». 38 Je vous ai envoyés moissonner ce qui ne vous a coûté aucun effort ; d'autres ont fait l'effort, et vous en avez bénéficié. »39 Beaucoup de Samaritains de cette ville crurent en Jésus, à cause de la parole de la femme qui rendait ce témoignage : « Il m'a dit tout ce que j'ai fait. » 40 Lorsqu'ils arrivèrent auprès de lui, ils l'invitèrent à demeurer chez eux. Il y demeura deux jours. 41 Ils furent encore beaucoup plus nombreux à croire à cause de sa parole à lui, 42 et ils disaient à la femme : « Ce n'est plus à cause de ce que tu nous as dit que nous croyons : nous-mêmes, nous l'avons entendu, et nous savons que c'est vraiment lui le Sauveur du monde. »

« Si tu savais le don de Dieu ! »

Au fond de toi, femme, comme l'eau stagnante au fond de ce puits où tu es venue seule puiser de l'eau, il y a une blessure d'amour, une plaie béante qu'aucun amour humain n'a su guérir. Tu as connu beaucoup d'hommes mais ont-ils comblé la soif de ton cœur ? Ce midi, un homme, un juif, est venu te demander à boire... il n'aurait jamais dû converser avec toi, l'étrangère, la répudiée. Il t'a regardée comme aucun homme ne t'a jamais regardée. C'était différent. Il semblait lire au fond de toi. ... Et il t'a déroutée en te disant que c'est *toi qui aurais dû lui demander à boire* ! Et il a poursuivi : « *Quiconque boit de cette eau du puits aura de nouveau soif ; mais celui qui boira de l'eau que moi je lui donnerai n'aura plus jamais soif et l'eau que je lui donnerai deviendra en lui une source d'eau jaillissant pour la vie éternelle.* »

Toi, femme, tu avais pressenti qu'il faut *demander pour recevoir* : « *Seigneur, donne-moi de cette eau, que je n'aie plus soif.* »Et que, seul « *Celui qui est plus grand que notre père Jacob* » pouvait te donner de cette « *eau qui désaltère jusque dans la vie éternelle* ». Il te faudra quitter toutes tes soifs vite étanchées, renoncer à ton désir permanent de combler le vide en toi pour accueillir le don de Dieu.

Le Don de Dieu, l'Esprit-Saint que reçoivent l'homme et la femme de désir. (Ap 22, 17)

Toi la Samaritaine, « l'hérétique », tu es une femme de désir. Tu Lui demandes cette eau vive qui comble toute soif et Lui, en réponse, te provoque à la vérité sur ton état de vie : « *Va chercher ton mari* ». « *Je n'ai pas de mari* ». Et Jésus qui sonde les cœurs et les reins va te dire tout ce que tu as fait:

Tu as raison de dire que tu n'as pas de mari. Des maris, tu en as eu cinq, et celui que tu as maintenant n'est pas ton mari ; là, tu dis vrai.

Et parce que tu as été en **vérit**é avec lui, Jésus va t'emmener plus loin: il sait que « *ton désir le plus intime et le plus personnel est le désir du Père.* » [5]Et ce *Père qui recherche des adorateurs*, désire que tu L'adores en esprit et en vérité.

Une affirmation qui peut déranger. Ne sommes-nous pas tentés, dans notre désir d'adorer Dieu, de privilégier des lieux alors que « *l'heure vient,* » dit Jésus, « *où vous n'irez plus ni sur cette montagne, ni à Jérusalem pour adorer le Père.* » ?

« *Adorer Dieu en esprit* »: sans appui, car « *Dieu est esprit* ».
Adorer Dieu qui **est**.

---

[5]Jean-Claude SAGNE, *Dieu, tu es mon Dieu*

« *Adorer Dieu en vérité* » : telle que tu es, fragile et limitée, sans fausse image de toi-même, sans souci de ta réputation, sans te projeter dans ce que tu aurais voulu être ou dans ce que tu as appris à être...

En gardant dans ton cœur profond Sa Parole qui est la Vérité.

Toi, la femme aux cinq maris, ne serais-tu pas celle qui nous aura ouvert la voie, à nous les hommes et les femmes de désir, avides de trouver la « *perle de grand prix* » ? (Mt 13,44-46)

Même si tu as été trahie, abandonnée si souvent, tes nombreuses répudiations - au temps de Jésus, l'homme seul divorce, alors qu'une femme est répudiée- ne t'auront pas vaincue dans la recherche de l'amour parfait, de l'amour qui devait combler ton vide, ton manque d'être. Tu l'auras sensuellement désiré, et dans ta quête éperdue, sans doute aliénante et destructrice, tu as enfin trouvé le « *don de Dieu* ». Providentiellement, au détour d'une conversation, dans un cœur à cœur avec Jésus - « *ses disciples étaient partis à la ville pour acheter des provisions* ». Cette source que tu as longtemps cherchée au dehors, tu l'as trouvée au dedans de toi.

Tu n'auras « *plus jamais soif* ».

Lincroyable Vérité que t'a révélée le Messie,-peut être parce que tu as osé être en vérité avec Lui -,te rendra progressivement libre, de la glorieuse« *liberté des enfants de Dieu.* » (Rm 8, 21)

10. Marthe de Béthanie

Luc 10. 38-42

38 Chemin faisant, Jésus entra dans un village. Une femme nommée Marthe le reçut. 39 Elle avait une sœur appelée Marie qui, s'étant assise aux pieds du Seigneur, écoutait sa parole. 40 Quant à Marthe, elle était accaparée par les multiples occupations du service. Elle intervint et dit : « Seigneur, cela ne te fait rien que ma sœur m'ait laissé faire seule le service ? Dis-lui donc de m'aider. » 41 Le Seigneur lui répondit : « Marthe, Marthe, tu te donnes du souci et tu t'agites pour bien des choses. 42 Une seule est nécessaire. Marie a choisi la meilleure part, elle ne lui sera pas enlevée. »

Jean 11. 1 - 45

11. 1 Il y avait quelqu'un de malade, Lazare, de Béthanie, le village de Marie et de Marthe, sa sœur. 2 Or Marie était celle qui répandit du parfum sur le Seigneur et lui essuya les pieds avec ses cheveux. C'était son frère Lazare qui était malade. 3 Donc, les deux sœurs envoyèrent dire à Jésus : « Seigneur, celui que tu aimes est malade. » 4 En apprenant cela, Jésus dit : « Cette maladie ne conduit pas à la mort, elle est pour la gloire de Dieu, afin que par elle le Fils de Dieu soit glorifié. » 5 Jésus aimait Marthe et sa sœur, ainsi que Lazare. 6 Quand il apprit que celui-ci était malade, il demeura deux jours encore à l'endroit où il se trouvait. 7 Puis, après cela, il dit aux disciples : « Revenons en Judée. » 8 Les disciples lui dirent : « Rabbi, tout récemment, les Juifs, là-bas, cherchaient à te lapider, et tu y retournes ? » 9 Jésus répondit : « N'y a-t-il pas douze heures dans une journée ? Celui qui marche pendant le jour ne trébuche pas, parce qu'il voit la lumière de ce monde ; 10 mais celui qui marche pendant la nuit trébuche, parce que la lumière n'est pas en lui. » 11 Après ces paroles, il ajouta : « Lazare, notre ami, s'est endormi ; mais je vais aller le tirer de ce sommeil. » 12 Les disciples lui dirent alors : « Seigneur, s'il s'est endormi, il sera sauvé. » 13 Jésus avait parlé de la mort ; eux pensaient qu'il parlait du repos du sommeil. 14 Alors il leur dit ouvertement : « Lazare est mort, 15 et je me réjouis de n'avoir pas été là, à cause de vous, pour que vous croyiez. Mais allons auprès de lui ! » 16 Thomas, appelé Didyme (c'est-à-dire Jumeau), dit aux autres disciples : « Allons-y, nous aussi, pour mourir avec lui ! » 17 À son arrivée, Jésus trouva Lazare au tombeau depuis quatre jours déjà. 18 Comme Béthanie était tout près de Jérusalem – à une distance de quinze stades - c'est-à-dire une demi-heure de marche environ –, 19 beaucoup de Juifs étaient venus réconforter Marthe et Marie au sujet de leur frère. 20 Lorsque Marthe apprit l'arrivée de Jésus, elle partit à sa rencontre, tandis que Marie restait assise à la maison. 21 Marthe dit à Jésus : « Seigneur, si tu avais été ici, mon frère ne serait pas mort. 22 Mais maintenant encore, je le sais, tout ce que tu demanderas à Dieu, Dieu te l'accordera. » 23 Jésus lui dit : « Ton frère ressuscitera. » 24 Marthe reprit : « Je sais qu'il ressuscitera à la résurrection, au dernier jour. » 25 Jésus lui dit : « Moi, je suis la résurrection et la vie. Celui qui croit en moi, même s'il meurt, vivra ; 26 quiconque vit et croit en moi ne mourra jamais. Crois-tu cela ? » 27 Elle répondit : « Oui, Seigneur, je le crois : tu es le Christ, le Fils de Dieu, tu es celui qui vient dans le monde. » 28 Ayant dit cela, elle partit appeler sa sœur Marie, et lui dit tout bas : « Le Maître est là, il t'appelle. » 29 Marie, dès qu'elle l'entendit, se leva rapidement et alla rejoindre Jésus. 30 Il n'était pas encore entré dans le village, mais il se trouvait toujours à l'endroit où Marthe l'avait rencontré. 31 Les Juifs qui étaient à la maison avec Marie et la réconfortaient, la voyant se lever et sortir si vite, la suivirent ; ils pensaient qu'elle allait au tombeau pour y pleurer. 32 Marie arriva à « l'endroit où se trouvait Jésus. Dès qu'elle le vit, elle se jeta à ses pieds et lui dit : « Seigneur, si tu avais été ici, mon frère ne serait pas mort. » 33 Quand il vit qu'elle pleurait, et que les Juifs venus avec elles pleuraient aussi, Jésus, en son esprit, fut saisi d'émotion, il fut bouleversé, 34 et il demanda : « Où l'avez-vous déposé ? » Ils lui répondirent : « Seigneur, viens, et vois. » 35 Alors Jésus se mit à pleurer. 36 Les Juifs disaient : « Voyez comme il l'aimait ! » 37 Mais certains d'entre eux dirent : « Lui qui a ouvert les yeux de l'aveugle, ne pouvait-il pas empêcher Lazare de mourir ? » 38 Jésus, repris par l'émotion, arriva au tombeau. C'était une grotte fermée par une pierre. 39 Jésus dit : « Enlevez la pierre. » Marthe, la sœur du défunt, lui dit : « Seigneur, il sent déjà ; c'est le quatrième jour qu'il est là. » 40 Alors Jésus dit à Marthe : « Ne te l'ai-je pas dit ? Si tu crois, tu verras la gloire de Dieu. » 41 On enleva donc la pierre. Alors Jésus leva les yeux au ciel et dit : « Père, je te rendsgrâce parce que tu m'as exaucé. 42 Je le savais bien, moi, que tu m'exauces toujours ; mais je le dis à « cause de la foule qui m'entoure, afin qu'ils croient que c'est toi qui m'as envoyé. » 43 Après cela, il cria d'une voix forte : « Lazare, viens dehors ! » 44 Et le mort sortit, les pieds et les mains liés par des bandelettes, le visage enveloppé d'un suaire. Jésus leur dit : « Déliez-le, et laissez-le aller. » 45 Beaucoup de Juifs, qui étaient venus auprès de Marie et avaient donc vu ce que Jésus avait fait, crurent en lui. »

Finalement, je ne te connaissais pas bien, Marthe de Béthanie ! Engluée dans ces fameuses paroles de Jésus à ton encontre : *« Marthe, Marthe, tu t'agites et tu t'inquiètes pour bien des choses … »*, je te classais mentalement dans la catégorie de ces femmes stressées qui récriminent et qui discutent !(Ph 2, 14)

Et, de fait, je n'avais pas totalement tort, car avec ton caractère entier et ombrageux, tu as adressé force reproches à Jésus :

*« Seigneur, cela ne te fait rien que ma sœur m'ait laissé faire seule le service ? Dis-lui donc de m'aider ! »*Fidèle à toi même, tu ne te gêneras pas pour agonir Jésus de reproches à la mort de ton frère Lazare : *« Si tu avais été là, mon frère ne serait pas mort ! »*

Et quand le Maitre, patient, t'assure que ton frère ressuscitera, te voilà qui discute :

« Je sais qu'il ressuscitera à la résurrection, au dernier jour ». Sous-entendu : « c'est il y a quatre jours qu'il fallait venir ! Maintenant c'est trop tard et il ne ressuscitera que trop tard aussi, quand nous serons tous morts ! »

Et je n'oublie pas ce reproche si terre à terre : *« Il sent déjà ! »*

Marthe de Béthanie, on m'a appris à te juger et à te blâmer parce que tu ne ressemblais pas à ta sœur qui avait « choisi la meilleure part » … Aujourd'hui, parce que tu as osé « *récriminer et discuter* » (Ph 2, 4), les psychologues te donneraient raison : tu as « libéré la plainte » et ce faisant, dégagé la source que tu cherchais dans ton inquiétude !

Au cours de ce tête à tête où tu as osé te plaindre Jésus te fera le cadeau de paroles d'une telle intensité, d'une nouveauté telle que j'en reste éclairée pour le restant de mes jours !

« Moi, je suis la résurrection et la vie. Celui qui croit en moi, même s'il meurt vivra ».

« Quiconque vit et croit en moi ne mourra jamais. »

Paroles mêmes de la Vie Eternelle !

Familière de Jésus qui aimait venir se reposer chez toi à Béthanie, Marthe, tu as retenu dans ton cœur ses enseignements.

Et dans le flot de tes échanges avec lui, autour de ce frère mort, je découvre que non seulement tu es têtue et obstinée mais - et c'est là ma grande découverte à ton propos- c'est que tu es **habitée** par la Parole Vivante :

« *Maintenant, je le sais, tout ce que tu demanderas à Dieu, Dieu te l'accordera.* »

Avais-tu entendu et retenu :

« *Tout ce que vous demanderez au Père en mon nom, je le ferai, afin que le Père soit glorifié dans le Christ,* » *?* (Jn 4, 13)

Et cette triple profession de foi qui se glisse, mine de rien, dans votre échange qui conduira à la résurrection de Lazare, n'exprime t-elle pas ce qui fait le fondement de notre foi ?

« *Tu es le Christ, le Fils de Dieu, Celui qui vient dans le monde* ».

« Tu es le Christ... » :
« *Celui qui croit que Jésus est* **le Christ***, celui-là est né de Dieu* » (1 Jn 5)

«... **le Fils de Dieu… » :**
« *Celui qui proclame que Jésus est* **le fils de Dieu***, Dieu demeure en lui et lui en Dieu* » (Jn4, 15)

« ...**Celui qui vient dans le monde** » *:*
« *Le Verbe était la vraie lumière qui éclaire tout homme en* **venant dans le monde** » (Prol de Jean)

Mais le Christ pour toi, Marthe, n'est pas une idée, une philosophie, une religion même, mais une personne à qui tu as parlé : « *Ce que ous avons vu de nos yeux, ce que nous avons contemplé, que nos mains ont touché, nous vous l'annonçons ...* » (1. Jean 1)

Bien des années plus tard, l'évangéliste Jean se souviendra de ces « paroles de la vie éternelle »et nous laissera la trace écrite de cet échange de feu entre le Verbe de Vie et toi, une simple femme qui avait tendance à t'agiter et 'inquiéter pour bien des choses ….

11. Marie de Bethanie

Jean 12. 1 -11

1 Six jours avant la Pâque, Jésus vint à Béthanie où habitait Lazare, qu'il avait réveillé d'entre les morts. 2 On donna un repas en l'honneur de Jésus. Marthe faisait le service, Lazare était parmi les convives avec Jésus. 3 Or, Marie avait pris une livre d'un parfum très pur et de très grande valeur ; elle répandit le parfum sur les pieds de Jésus, qu'elle essuya avec ses cheveux ; la maison fut remplie de l'odeur du parfum. 4 Judas Iscariote, l'un de ses disciples, celui qui allait le livrer, dit alors: 5 «Pourquoi n'a-t-on pas vendu ce parfum pour trois cents pièces d'argent, que l'on aurait données à des pauvres?»6 Il parla ainsi, non par souci des pauvres, mais parce que c'était un voleur: comme il tenait la bourse commune, il prenait ce que l'on y mettait. 7 Jésus lui dit : « Laisse-la observer cet usage en vue du jour de mon ensevelissement ! 8 Des pauvres, vous en aurez toujours avec vous, mais moi, vous ne m'aurez pas toujours. » 9 Or, une grande foule de Juifs apprit que Jésus était là, et ils arrivèrent, non seulement à cause de Jésus, mais aussi pour voir ce Lazare qu'il avait réveillé d'entre les morts. 10 Les grands prêtres décidèrent alors de tuer aussi Lazare, 11 parce que beaucoup de Juifs, à cause de lui, s'en allaient, et croyaient en Jésus.

« Or Marie avait pris une livre d'un parfum très pur et de très grande valeur ; elle versa le parfum sur les pieds de Jésus, qu'elle essuya avec ses cheveux ; la maison fut remplie de l'odeur du parfum. »

Serait-ce un de ces parfums*« Frais comme des chairs d'enfants,Doux comme les hautbois, verts comme les prairies »* ?

Ou *« Corrompus, riches et triomphants,*
Ayant l'expansion des choses infinies
Comme l'ambre, le musc, le benjoin et l'encens
Qui chantent les transports de l'esprit et des sens » ? [6]

Quel parfum de très grande valeur verses-tu sur les pieds de Jésus, Marie de Béthanie, toi qui as choisi la meilleure part en te tenant à ses pieds[7]? Marie, toi la sœur de Marthe, qui sais déjà que l'activité débordante de ta sœur lui ferme la porte de l'adoration, toi qui adores ton Maître comme l'esclave, en lui lavant les pieds avec ton parfum, toi, la plus belle des femmes qui, sensuellement, les essuies avec ta chevelure, remplissant ainsi la maison de cette odeur qui chante les « transports de l'esprit et des sens »,

Es-tu la fiancée du Cantique des Cantiques qui se pâme car elle est malade d'amour ?

Le fond de ton âme ravie bouillonne des paroles pleines de charme pour le Roi :

« Tu es le plus beau des fils de l'homme.
La grâce est répandue sur tes lèvres ;
C'est pourquoi Dieu t'a béni pour toujours. »
(Ps 45)

Et tu le supplies, assise à son ombre :

« Pose-moi comme un sceau sur ton cœur,
Comme un sceau sur ton bras,
car l'amour est fort comme la mort.»
(Cant. des Cant. 8. 6)

____

[6]Baudelaire, Les fleurs du mal
[7]Pour éclaircir le mystère de l'onction de Béthanie, Jean Christian PETITFILS, Jésus

Oui, Marie de Béthanie, tes cheveux qui essuient les pieds de Jésus, embaumés de myrrhe et d'aloès avec tous les baumes précieux, les enveloppent déjà pour sa sépulture.

Ton parfum est le plus pur de tous les parfums, car ce baume suave qui « *s'évapore ainsi qu'un encensoir* » se mêle aux parfums et aux prières de tous les saints sur l'autel d'or, et, par la main de l'ange, il monte devant Dieu, hâtant ainsi le retour du Bien-aimé. (Ap 8,3-4)

Marie de Béthanie, une chose que j'ai apprise de toi, c'est que seul le geste prophétique de la femme qui adore Jésus peut prendre des dimensions qui lui échappent et traverser le temps et l'espace :

« Car, Amen, je vous le dis : partout où l'Evangile sera proclamé dans le monde entier, on racontera en souvenir d'elle, ce qu'elle vient de faire. » (Marc 14,9)

12. Marie Madeleine

Jean 20 1-18

1 Marie Madeleine se rend au tombeau de grand matin ; c'était encore les ténèbres. Elle s'aperçoit que la pierre a été enlevée du tombeau. 2 Elle court donc trouver Simon-Pierre et l'autre disciple, celui que Jésus aimait, et elle leur dit : « On a enlevé le Seigneur de son tombeau, et nous ne savons pas où on l'a déposé. » 3 Pierre partit donc avec l'autre disciple pour se rendre au tombeau. 4 Ils couraient tous les deux ensemble, mais l'autre disciple courut plus vite que Pierre et arriva le premier au tombeau. 5 En se penchant, il s'aperçoit que les linges sont posés à plat ; cependant il n'entre pas. 6 Simon-Pierre, qui le suivait, arrive à son tour. Il entre dans le tombeau ; il aperçoit les linges, posés à plat, 7 ainsi que le suaire qui avait entouré la tête de Jésus, non pas posé avec les linges, mais roulé à part à sa place. 8 C'est alors qu'entra l'autre disciple, lui qui était arrivé le premier au tombeau. Il vit, et il crut. 9 Jusque-là, en effet, les disciples n'avaient pas compris que, selon l'Écriture, il fallait que Jésus ressuscite d'entre les morts. 10 Ensuite, les disciples retournèrent chez eux. 11 Marie Madeleine se tenait près du tombeau, au-dehors, tout en pleurs. Et en pleurant, elle se pencha vers le tombeau. 12 Elle aperçoit deux anges vêtus de blanc, assis l'un à la tête et l'autre aux pieds, à l'endroit où avait reposé le corps de Jésus. 13 Ils lui demandent : « Femme, pourquoi pleures-tu ? » Elle leur répond : « On a enlevé mon Seigneur, et je ne sais pas où on l'a déposé. » 14 Ayant dit cela, elle se retourna ; elle aperçoit Jésus qui se tenait là, mais elle ne savait pas que c'était Jésus. 15 Jésus lui dit : « Femme, pourquoi pleures-tu ? Qui cherches- tu ? » Le prenant pour le jardinier, elle lui répond : « Si c'est toi qui l'as emporté, dis-moi où tu l'as déposé, et moi, j'irai le prendre. » 16 Jésus lui dit alors : « Marie ! » S'étant retournée, elle lui dit en hébreu : « Rabbouni ! », c'est-à-dire : Maître. Jésus reprend : 17 « Ne me retiens pas, car je ne suis pas encore monté vers le Père. Va trouver mes frères pour leur dire que je monte vers mon Père et votre Père, vers mon Dieu et votre Dieu. » 18 Marie Madeleine s'en va donc annoncer aux disciples : « J'ai vu le Seigneur ! », et elle raconta ce qu'il lui avait dit.

La version traduite par Chouraqui est ici très éclairante :
Jean 20.
11. Cependant Miriâm se tient hors du sépulcre et pleure.
Donc, en pleurant, elle se penche dans le sépulcre.
12. Elle contemple deux messagers en blanc,
assis, l'un à la tête, l'autre aux pieds,
là où gisait le corps de Iéshoua'.

13. *Ils lui disent: « Femme, pourquoi pleures-tu ? »*
Elle leur dit: « Ils ont enlevé mon Adôn,
et je ne sais où ils l'ont déposé. »
14. *Disant cela, elle se tourne en arrière et contemple Iéshoua' debout,*
ne sachant pas que c'était Iéshoua'.
15. *Iéshoua' lui dit : « Femme, pourquoi pleures-tu ?*
Qui cherches-tu ? »
Elle, croyant que c'était le jardinier, lui dit :
« Adôn, si c'est toi qui l'as retiré de là,
dis-moi où tu l'as déposé: je l'enlèverai. »
16. *Iéshoua' lui dit: « Miriâm ! »*
Elle, se tournant, lui dit en hébreu :
« Rabbouni ! » c'est-à-dire : « Mon Rabbi ! »
17. *Iéshoua' lui dit : « Ne me touche pas !*
Non, je ne suis pas encore monté chez le père.
Va vers mes frères et dis-leur:
‹ Je monte chez mon père et votre père, mon Elohîms et votre Elohîms ›. »
18. *Miriâm de Magdala vient et annonce aux adeptes:*
« J'ai vu l'Adôn ! », et ce qu'il lui avait dit.

Beaucoup d'encre a coulé au sujet de Marie Madeleine : son évangélisation légendaire du Sud de la France à partir de la grotte de la Sainte Baume, puis sa récupération en tant qu'épouse du Christ par les gnostiques des premiers siècles, et encore de nos jours, avec le film de Martin Scorsese « La dernière tentation du Christ » (1988) jusqu'au récent « Marie de Magdala » de Garth Davis (2018), en passant par le célèbre roman Da Vinci Code (2003). Toutes les passions, toutes les ferveurs, tous les fantasmes du monde se sont cristallisés autour de cette femme. C'est sans doute parce qu'elle aura aimé le Christ en bravant tous les interdits de l'époque qu'elle a enflammé les imaginations. Mais qu'en est-il de son véritable parcours spirituel ?

Qui est cette femme ? Qui es-tu, Marie Madeleine ?

Ton parcours spirituel peut me rejoindre aujourd'hui. Tu as suivi le Christ à travers villes et villages, ainsi que d'autres femmes, tes compagnes, et tu as été « *délivrée de sept démons* » ! (Luc, 8)

« *Entraine-moi après toi ! Courons !* »(Cant des cant1, 4)

Entraine –moi après toi, Ô Christ !

Quand tu as rencontré le Christ, Marie Madeleine, tu portais déjà le poids de toutes (comme le suggère le chiffre sept) les douloureuses expériences de la vie. Une vie exposée aux « démons » de toutes sortes- à l'époque, ce mot recouvrait divers tourments : démons de la sexualité, de l'idolâtrie, de l'acédie…

Et par la grâce de ces délivrances, tu as expérimenté « *l'amour du Christ qui surpasse toute connaissance.* » (Eph, 3,19)

Alors, tu as suivi le Christ – c'était sans doute plus fort que toi – avec ces femmes, tes compagnes elles aussi « *guéries de maladies* » ; avec elles, tu as pris soin du Christ et de ses apôtres, de leur nourriture, de leurs déplacements. Et au milieu de tout ce caravansérail, tu as trouvé le temps de boire à la Source. Jusqu'au jour où Jésus sera arrêté, jugé, condamné, crucifié !

Quand tu te rends au tombeau le lendemain du drame, tu vas faire l'expérience du vide.

Vide de l'absence.

Vide du sens.

« *Sur mon lit, j'ai cherché celui que mon âme désire ;*
Je l'ai cherché ;
Je ne l'ai pas trouvé.

Oui, je me lèverai,
Je tournerai dans la ville, par les rues et les places :
Je chercherai celui que mon âme désire ;
Je l'ai cherché ;
Je ne l'ai pas trouvé. »
(Cant des cant 3,1)

Malgré l'apparition des deux anges, messagers lumineux de Dieu, Marie Madeleine, tu n'es pas encore capable de comprendre que « *la lumière brille déjà dans les ténèbres* ».

Jusqu'au moment où tu te **retournes** ...

« *Tout en parlant, elle se retourne et elle voit Jésus qui se tenait là mais elle ne savait pas que c'était lui.* »

Comme pour les disciples d'Emmaüs, « tes yeux étaient empêchés de le reconnaitre » ! Ainsi, enlisée, figée dans la douleur, tu ne reconnais plus Celui qui est La Vie ! Cela, malgré une première rencontre fulgurante et une expérience quotidienne de sa Présence...

« *Mais, Ô Mort ! Où est ta Victoire ?* »(1, Cor 15 :55)

Celui que tu ne reconnaissais pas est là qui t'appelle !

- Myriam !

« *Je l'entends, mon Bien Aimé !*
Le voici ; il vient ! » (cant des cant 2,8)

Et toi, Myriam, « l'aimée », oubliant toute pudeur, tu lances ton cri :

- « *Rabounni !* », *c'est-à-dire : Mon rabbi !* »

Comment s'étonner, après cette audace dont témoigne St Jean, qu'un évangile apocryphe portant ton nom ait été publié dès les premiers siècles ?

Dans ton élan, tu veux le toucher… Mais le Rabbi va t'emmener plus loin :

« *Ne me retiens pas.* »

Désormais, tu devras quitter l'affectif, arrêter de t'appuyer sur tes émotions, tes sens. C'est avec tes « sens spirituels », comme l'écrira plus tard St Jean de la Croix, que tu le connaitras.

Il en va de même pour moi : je ne peux pas le connaître avec mes « *yeux de chair* ».

Et je devrai toute ma vie apprendre avec toi, Marie Madeleine, que mon commerce avec Jésus ne sera plus celui des premiers jours de la rencontre. Je devrai apprendre à vivre dans l'austérité de la foi.

Myriam, tu devras le quitter, et aller ! Aller dire à tes frères que Jésus est ressuscité, « que la mort a été engloutie dans la victoire » (1, Cor15, 54) et en raison de cet envoi, tu seras reconnue comme le premier témoin de sa résurrection.

Mais surtout, oui surtout, tu feras une expérience plus profonde : la révélation de Dieu Père. Il faut presque toute une vie pour répondre et entrer dans cet appel du Ressuscité :

« Va dire à mes frères que je monte vers mon Père qui est aussi votre Père ».

Le véritable message spirituel de Marie Madeleine, caché sous l'éblouissante révélation de la résurrection, ne serait-il pas celui-là : Dieu est le père de Jésus et Il est **mon** père !

Je devrai entrer dans cette mystérieuse filiation et saisir que je suis désormais avec Marie Madeleine *« héritier et co héritier du Père avec le Christ. »*(Rm. 8, 17)

C'est là une chose importante que j'ai apprise.

Oh ! La largeur, la longueur, la hauteur, la profondeur de cet amour du Père !

Marie Madeleine, tu devras passer par cette ultime étape et saisir tout ce que Jésus au cours de son passage sur terre aura tenté de transmettre à ses disciples, hommes et femmes :

*« Mon Père et votre Père ! »*C'est là la source de toute sécurité, de toute joie et de toute plénitude.

Petite bibliographie :

AELF, *Nouveau Testament 2014*

Charles Baudelaire, *Les fleurs du mal*

André Chouraqui, *La Bible*

Fabrice Hadjadj, *La foi des démons*

Jean de la Croix, *Poésies*

Milton, *Paradis Perdu*, cité par Julien Green dans *Vers l'Invisible*

Jean- Christian Petitfils, *Jésus*

Jean-Claude Sagne, *Dieu, tu es mon Dieu*

Table des matières